Ewu ⇐.lution`

Erstes Halbjahr 2003

Gedichte/ contra...punkte

Uwe Kraus

Uwe Kraus

Uwe Kraus - geboren am 17.02.1979 - erlernte an der Meisterschule für Handwerker den Beruf des Maler und Lackierers. Seit 2000, seinem 21. Lebensjahr, schreibt er Aufsätze, Texte und Gedichte. Er veröffentlichte bislang 6 eigenständige Werke, darunter der Gedichtband Fernwehpassagen und Brainspotting, seine Autobiographie. Beide im Conte Verlag in Saarbrücken erschienen..
Im Eigenverlag veröffentlichte Kraus vier Lyrikbände seit 2001.

Offizielle Website: www.uwekraus.com

Tony Caulfield

"Mit fiktiven Szenen märchenhafter, mystischer, magischer Figuren und Symbolzeichen sprengt er Realitäten, verleiht ihnen irreales Deuten, fantasiert zwischen Wahn und Traum und transferiert sich zwischen Dies- und Jenseits in "Otherworlds". Keine Frage: Tony Caulfield visualisiert Emotionen, Inspirationen und Dialoge." - Isabelle Girard de Soucanton

Tony Caulfield - geboren am 06.05.1974 als Tony Kremp - arbeitet seit 1997 als Maler und Autor (*Das Buch des Wahns, Du mußt sühnen - Dokumentation eines psychologischen Mordversuchs, Der Fluch und Niedergang des Hauses Voltar: Die Abessinischen Greuel*).
1996-1998 studierte er einige Semester Philosophie an der Universität des Saarlandes; ab 2000 Entrepreneuership an der TU Kaiserslautern.
Caulfield spielte einige Hauptrollen in Independent Filmen und co-produzierte 2004 das *Art Rimbaud Project*, ein Doppel-CD Album mit Songs basierend auf den Werken des Dichters Arthur Rimbaud.
Seit 2007 widmet sich Tony Caulfield verstärkt der Malerei. Die in diesem Buch veröffentlichten Werke wurden zwischen 2007 und 2010 geschaffen.

Offizielle Website: www.tonycaulfield.com

Novivitalis Verlag No.8

Ewu ⇐.lution`

Uwe Kraus

Apokalyptische Lyrik

Mit Gemälden von Tony Caulfield

Bibliographische Information Der Deutschen Bibliothek:
Die Deutsche Bibliothek verzeichnet diese Publikation in der
Deutschen Nationalbibliographie; detaillierte
bibliographische
Daten sind im Internet über http://dnb.ddb.de abrufbar.

Erstausgabe 2013
Copyright © 2013 by Uwe Kraus (Text), Tony Caulfield (Bilder)
Das Werk einschließlich aller seiner Teile ist urheberrechtlich
geschützt. Jede Verwertung außerhalb der engen Grenzen des
Urheberrechtsgesetzes ist ohne Zustimmung des Autors
unzulässig und strafbar. Das gilt insbesondere für
Vervielfältigungen, Übersetzungen, Mikroverfilmungen und die
Einspeicherung und Verarbeitung in elektronischen Systemen.
Umschlaggestaltung: Art & Design Company (ADC), Otterbach
Illustrationen und Abbildungen: Tony Caulfield
Photographie (Cover): Johanna Leonhardt, Fotowerkstatt-KL
Photographie (Innen): Uli Wenzel, w-pics
Herstellung und Verlag: BoD - Books on Demand, Norderstedt

1. Hauptstück: *Reproduction, Sprüche und Vorgereimtes*

The apparition of alwella ignoring the evil zebra queen

F.r.ühling

Jose F.A. Oliver gewidmet

Samtschnee eiskrustende strassen
Bleieisschnee Bruchschnee
Tropft graupel reif-
Der schneemann beglänzt von sonne
Entferntes schlittschuhzischen
Im schweif der klingen des schlittens
Kufen die gleitend mit dem winter den
Massen entsteigen aus poren dem weiss
Entflieht sich der f.r.ühling den flügeln der wolken:
Eisblumen glitzern den fenstern schmuck
Keimt links das gewand
Im vorjahr der blütenränder
Zieren schmuck blütenhälse
Die hänge dem rauschen des
Winds bricht die spinne das schweigen
Der noten des fühlings die larve des schmetterlings erscheint
Sonne durch blicke der äste

Fragiles in maniac

Albert Ostermaier gewidmet

Seht ich habe getötet
Und blutend tropft der gaumen mir
Mit blutunterronnenen augen schneiden wir saum und haut entzwei
um das kochende knochige markfleisch zu fressen/-
Wir tranken vom eitrigen sud und
Assen uns satt an seinen adern & bissen das fleisch
In stücken an den strähnen der hirnrinden/
Wir frassen uns fest und kosten im
Stuhl seiner mutter die wir mit den händen
Erwürgten & fielen die
Stiegen hinauf &
Hinaus & fragten einander mit den totenkopftattoos
Im herz was der dämon selbst
Mit den leichen verspeiste
So
Kochen wir blut &
Fressen wie tiere
Die augen wie eiweiss schlürfen
Die pupillen damits wie kaugummi zum kauen ist
& fangen mit seiner zunge ein
Klein wenig an dir die beine entlang zu wischen
& wenn wir dann richtig bitter
Die ohren geschleckt haben dann werfen wir beide die klippen
hinunter
& spülen mit unseren zungen das blut von den körpern
Am ende lieben wir uns
Bis einer den nächsten
Um die ecke dreht um neuen durst
Von augen & zehen zu flexen.

Kasparius Hauser

Lutz Seiler gewidmet

Einst sangen felsen
Dass aus dir rein und raus dein
Heimatlied entstünde
Das finge dir an
Die sehnen aufzusingen
Und mit träumen
Weiter drinnen deinen kehl zu schwelen
Mit stille sich
Zum fliessen innen biegen
       Wie wenn das auch
 Ein kleines wenig
Schein der heimat in den wolken wär
Im mund in kerkern
In dir zwischen sei
Wie
Wenn die ohren
Mitten deines tons
Ein wolkenlicht erwärme
ein spiel musik der gaumen tropfe
Aus deinem winkel zart zu sonnen glich
Das heimatlied bestünde
Wenn nur deine lust zum singen still
Das lied für verrückte
       Blieb
       Der weg nach innen wich
Wie deine ader doch zu händen glich
Um dich das lied ein wandersang
So dreht der wind aus deinem
Mund um sich an felsen doch zu lösen

9

Beim Betrachten eines Rätsels in mondgrau
Cees Nooteboom und Caspar David Friedrich gewidmet

Als wellengischt und kronen sich in klippen bogen
Und dies bild in nebel sog
Zog
Schwer wie blei
Ein dunst aus grau und inneren metallen
In himmel klüftet sich der mondplanet
Aus
Grund und milch das grau der
      Weisen inne um der bande sich dem bild zu eigen
Sang ein mönch nach oben
Rätseln nebel sich zum schmiegen und den
Himmel anzubeten
      Allzu licht das grau verwischt sich durch dem drinnen
Der vogel greif ein stillklang harz das öl des schwarz
Ein mond im sicheln glühend sich der mohn des schattes
Matt der griege tonne welle das der äthersinn
Umspielt das blei und zinkgebunden peitscht das meer den tauen links

Cut (Bildnis als jüngling mit dorrenden äpfeln auf schale)

Sehet die kirschen durchs glas sich spiegeln
Ganz zart wie sie sie hält-
Wie kann sie nur die häute der frucht seiner kerne im glas
Zerspeien auf speicheln den gaumen vernetzen und die prismen der
kirschen im geiste drainieren

Wenn sich die wellen ums äpfelsud legen
So soll dies ein worrender
Apfel sein den ich mit zimt
Und all seinen wurmen nach innen drücke
Vorm spiegel bis das verlangen versehnt ist
Allsamt dies als galle zu spein

 Wie will ich diesen apfel
          Wenn sie die kirschen drainieren mag

So mag ich
Wohl in meinen granat verbeißen
Und ihn sodann nach oben zu hängen
Um das paradiese eden
Vor dem tode zu einen
Und den granat erhebten mürbe
Doch das leben geben
So starb der gram an fleisch und kirschen
Der das gift zu enden brachte

WEILE IM takt Sekunde/ sekunde   *Paul Celan gewidmet*
Dorre zum flussrain
Ein silberschiff kristall
Ungerade setzt zeit das segel
In die klafter her
Klafter hin
Von jetzt
Und jetzt
Im Synchronismus.

Verlieren die Fäden im psalm
An raum im zeittakt des alls
Der stunden singt zu rufen das ende?
Warten
Wir
Die
Zehntel
In Plus um plus
Zu fallen in den tiefen schwehlen zeigersinn das tickt uns aus
Das tickt uns aus und reisen wir mit dem schiff bis zu unsern häfen
Um blinkend wellend in den kalten raum
Zu stehlen und dort
Fühlen die zich millionen atemzüge aufgebraucht
Den ölbaum salben bis wir durch die zeit den ruf zum ende hin
Vernehmen?

Lass uns über den dächern paris ′
Die augen verkehrn
Den hauch
Mund um kuss verspürn
An pulsschlägen die lieder
Unserer herzen choreographieren
Und immer bekennen das
Wir in uns sind
Wie wenn wir
Magien in den augen glitzern
& nachts wie
Leise trippel uns
Voneinander wegverschleichen
Um unter jadebäumen
Sterne am firmament zu taufen
Um planeten
und kometen kreisen
Von traum zu traum in bildern
Wegverschmelzen
& die wärme sich in unseren
Seelen um uns wie ein seidener bruder legt
Um in uns ein band zu knüpfen
Ein hauch von wahrheit zu verschnüren
& unser leben zu berühren..

Nine lives

Ich will dich mit worten hin zum schnurren bringen
Dich streicheln
Kraulen
& ein wenig in deinem fell
Die tautropfen verspülen den
Hauch erstillen
Auf den wimpernhaarn
Den schnee wegblasen
Der zwischen dir & meiner nähe steht.
Doch fing ich mit meinen pfoten hin & her
Ein wenig an dein haar zu streicheln mit worten
Honig in dein herz zu glimmen
So öffne deines
Herzen gold zum kuscheln um
Dem rauschen der wasserfälle
Einen sinn zum geben um zu
Lauschen bis
Es still wird in
Den flüssen
An denen wir die leben zählen
Eins plus zwei & drei
Bis unser fell
Ein wenig sich zu sträuben fing
Ein leben von neun verwünscht
Sich uns ein tag an dem wir
Wie verstreichelt
Uns am flusse wiedertrafen
& wussten dies von deinen
Acht die du noch übrig hast –
Ist *Dir..*

2. Hauptstück: *Zur Naturgeschichte der Moral*

Nature triumphs over the architecture of trash

Flut

Es klang ganz
Nach sonett
Als ob sie
Die neuen türme bauen auf feld und wald die citys gross
Und grösser schreiben
Das haus verglühen wollten in arm und wein geschlungen klang da
wald-sterben wie derb geholzt aus saccharin die photosynthese
Traubenzucker veredelter sauerstoff weggeschnitzt zu papier und mc
donalds verpackung -
Eine rindenhaut gesägt bis sie die axt
Ergrollen tut und schreit uns an und schwingt an deines lindenasts -
Warum sind wir hier her geraten?

Weil wir doch fasziniert sind von chlorophyll
Und ausgeholzten minuten die sie aus eiben erschnitzen schattullen
Kissenholz aus kirsch und marmeladentröge die
Wie nadeln stösse von sich winden schrei ein wald schreit an die
wand in alpenglühn -
Da steht kein baum aus dem nicht unsere träume sind und
Keine figur
„Wenn du meinst horst" sagte ein baum zu mir
Als wir die dosen in den abfall schmissen
Und uns die herzen wischten uns die finger kauend am
Pfandbeleg verschleckten *handke*
Sagt dass der tormann angst hat
Wir nie
Ach was wird schon sein s´cents sind doch nur
Pfennige aus dem sie den
Scheinen schall verleihen
In diesem sein aus chlorophyll ein harz
Aus diesen rindenresten
Asche ein feuer brannte in dem wir die spraydosen zum schmelzen
brachten..

Ein brombeerstrauch schmeissen wir gleichwohlzu
Und tanzen aus den adern blut den hexenbesen schaffen wir
Den farne zum brennen im grunde - wie den grunge den die jugend
zehrt:
Alles ist scheiss
Auf an und aus das papier der baum der fällt
Wie
Die figuren ihre äxte
Dem leben den
Wenden ersehn es
Dreht das abgas die zeit und natur geholzt
Sauerstoff dreht das blatt
Sorgt licht das gibts
Verdreckt co2 nitrat das wasser spülmittel mit schaum aloe vera im
meer
Das lux ist wind
Und
Scheint aus unsern adern
Wenn das feuer nur ordentlich brennt platzte
Der lack die dosen schmeiss weg wozu
Soll die
Kann man auch in den wald
Im grund gibts eine axt die hackt
Und hackt dann sägt der
Die fichten wenn der pol schmilzt links
Und nord süd polar
Der eisbär schwimmt
Ozon wird unsere
Wellengischt zum steigen bringen den müll
Weg da weg aus dem wasser das kannst du doch nicht
Radioaktiv müll
Im fluss gekippt für die einfache entsorgung der geht nicht ins auge
der dreck den du da an den häuserblock schmierst

Radau - ein bäumesterben ein waldesblühn auf diesen höhn
Stiess man den mensch wie eine attrappen
Die auf bildern in schwarz &
eis
In zukunft verpuffen wird
So
Zieht die finger aus den jahreszeiten
Zieht sie aus den erdenscheiten brennt luft in ozeanen auf un
D rast die sau
Fckw war nicht so ok und
Waschlotion am biberpelz
Und
Finger aus den tatzen eines wolfes abgeschnitten damit der nerz
Da aussieht wie dieses nashorn
Da - das der da mit mulifleisch im wohnraum eingedenk verspeist
Unverbleit die kugeln würgt und in den adern kräfig blut zum quillen
stillt -
Sieh die figuren erstrebt den selben sechs-ender tod
Aus dem schloss ins ausstopfungslabor mit
Blutend
Tinten
Ausgestopft der lauf seines gewehr -
Ein kalb war heilig in indien
Aber lamm
Dies essen sogar die christen
Wie werwolfszahn
Wenn himmlisch
Ein moment aus silberschmuck dir stahl
Die minen ausgegort
In afrika
Der senegal
Is abgebrannt
Wie leben wir in pakistan
Atom
Bombay
Bergwerke diamanten

Im kriegsbein
Ein schwein wird geschlachtet: die mikrofaser deiner jacke hab ich
die
Aus leder
Schuhen gemacht?
Aber wann wirst du verstehen die natur
Wird sich wenig drehen wenn
Die pole magma schmalzen schmelz der fels
Ein eisbär wars der mich zum weinen bringt
Die welt ist aufgeheizt
Dann kam flut sinnflut ins wellenbad
Der gezeiten?

GODOT

Ach du scheisse

3.

Romantic larghetto: zieht der feuerabend die glut eines lebens das
den menschen das letzte war WAR am tag vorbei
Wir sahen diesen atomschrott in woodstock
Und fingen an wieder die nägel zu beissen
Als sich die nadeln der blonden underbergfee
Aus einem male verdammt noch mal mit den fingern zu zeigen
wollte einer geht noch einweg
Versteht sich
Verstehst du da haben wir ganz viel müll gemacht haben plastik
verbrannt treibgas entsetzlich in die luft aus benzol nitrosamine im
magen gespuckt
Aber da is doch echt mal was daneben gegangen als wir die
paarläufer
Auf den eismeeren versteht sich nach der eiszeit die kam vor
tausenden von jahrn
Auf diesen bronzengipfeln kämpferisch mit ersten fackeln
Starben sahen
Co2 kohlendiooooooxid
Das hilft dir auch nich haste mal die zigaretten da in diesen
abwässern
Betrachtet wie sie in die...
Gift
Riecht nach gift
War das verbranntes plastik
Eis
Und wars das was schmalzbrennt
Schal liegt der ölprinz in seinem fett
Aus diesen denkern
Dieses abendlands verfiel ein manitou den sie in amerika in slums
vergraulten ähnlich wie die engländer in indien siddharta
Mit anglikanisch verstehst
Du und atomwaffen -
Ah da war ich/ atombomben in transpirirtual
Fatal
In pakistan
Da hats angefangen

2

Ende

An &aus

Das licht immer wieder:

Kind drückt lichtschalter zehnmal an und aus

(Der Alte Krimi von 1981)

Da krieg ich noch ein lux ins ohr wenn du dem elefant die haut abziehst

Aber da weisst du

An & aus

Ist so ne geschichten von den erzählern eklektizider geschichtenerzähler!

Also das war nämlich so ein grieche der aus syrakrus entschwand

Mit einem atom auf der hand

Liess es dann aus dem himmel über hiroshima platzen wie ne leuchtdiode

Und dann plasma

Genpool und plastiktool

Es gab dann halt immer was zu tun

Verteilerkreis radar

Ampere hat nicht die lichtmaschine erfunden benz

Den motor gebaut mit dem haschisch aus der apotheke

Du kannst mir echt weissmachen was diffus du willst

Dann kam flut mit diesem napalm

Aus asche und blut

Aber die natur fiel wie ein nasser punchingsack in die knie nie

Gabs dein verständnis für die sauferei von erik ode im kommissar

Weil die prohibition aus amerika

Von den präsidenten oral ausgeführt wird

Aber warum=?=

Saufen is nich

Wasser aus salz

Gott erhalts..

Pistolenmündung kopfgestellt:
Aus der mündung in ein rohr geschaut
Wann der punkt geplatz sein wird
An dem sie
Dem
Damals das halswirbelgelenk in ober österreichland
Gekratzt haben
Das war die plastiksprengschnur geknüpft ins **eurodisney** herz ein
schmerz
Wenn sie mal so sagen wollten
Wenn dann die ärzte den operativ mitten mit poppnieten in seine
wangen
Geschleift hätten.. - aus einem dekadenten rom und mussolinis ton
Dazu: wir verbinden unsere herzgelenke in achsschnitte von
britannia zu moskau aberfriern wie napoleon durchlaucht!
Das alles in petroleum verkippt bei einem gewehr gefroren für ozon
aus ersten marihuana
Bombern mit kamikazezündern am herz -
Am herz fällt das nicht aus
Dass einer die welt begraben hat aus romantic large
Little big schizo formen tut und aus den kuchen die sie
Aus den tellern schneiden wie wenn die kontinentalen ebnen grenzen
wärn um bakunin zu
Schrein..!! -
Tat das dann weh wenn 16
Aus den landen die
Waffen spreizen mit der schweiz ein stausee aufgegoren
Wie eisenzeit und bronze zu suchen galt das bernsteinzimmer
(Schlossallee) das sie wie
Die schätze der nibelungen am rhein in den tegernsee gruben aus
dem chiemsee ein stausee ein bodensee
Wo issen das jetzt?
Als die prager den mauerminder von den fensterbänken stiessen die
frankophoben den turm zum
Freiheit code napoleon aus einem kongress fröhnten der so wie der
wiener

War -
Bitte huhn
Wenn sie zum wienerwald gehen dann aber bitte ne haxen
Für mein bayerisches hertz
Wenn sie die biersteuern verzollen die ökos an die gräber rollen
Und den bauern einen schlaffen bildschirm vor den acker schieben
auf dem dann noch zu schreiben steht
Im videotext :
Dass geld das übel brachte

JA DANN!!
Wenn judas damals nur ein römel gewesen wäre
Wär der ozean ozonfrei versteht
Sich sie tanken bleifrei
Geil
Aber nich mit mir ich habe mein
Sparschwein auf gas umgestellt
Und mein
Haus mit solar verbrannt
Und mein kippen den tret ich mit
Nem gummistiefel tod
Und dann piss dir doch ins meer
MENSCH
Was soll das bedeuten dass ich
So
Launisch meinen salzgehalt mit blutdruck messen tu
Ich könnt doch gleich ne leuchtrakete zünden und
In ein paar stunden dein floss aus paranoia
Hinter dir versenken
ICH WILL LETZTER SEIN KAPISCH..

Apo-calypso now
Und fing es an zu regnen wie schnee vor den mauern der freiheit da
arbeit freier macht wenn sie cyclon b aus den regenrinnen schiessen
und dabei
Ein klein wenig klarer wird:
Wir haben gott vertrieben den wald verkohlt
Holzt dass alles nieder wieder und wieder
Wie der am grabe den blauen nimbus aus den azoren ruft weil da die
luft sich zu hoch aus gift und schlack und tüll verhüllt
Aus wasser kraft atom kraft *atom-bombay* in bombay fielen bomben
in bombay wie in hiroshima in ho chi minh - good
Morning vietnam -
Ein stoss aus diesen fenster knie ich vor warschau und preise die
gnade der kriege wenn sie zu-ende-gehen mögen
Wie die luft uns die luft zerschneidet wenn ein westwind das ende
besingt - narben auf der haut: hautkrebs so siehts aus –
Ein klein-wenig besprenkelte napalm haut ein kreuzzug des
sonnencremefaktors ein mauerfall
Die pyramiden verschwommen
Warum siehts so depresso aus
Etwas mag uns verwirrt haben
Wars dies und das
Die evulotionen die scheitern aus den eileitern die antichristen die
aus den euros
Ein wahngebet um walhalla zürnen & zeus verschlugen dionysisch
Wie napalmeon
Erst weiter höher schneller weiter schneller
Drunter und drüber ein wirrsinn sieh die schnelligkeit airbus treibgas
Chlorphyll a mass
Etwas cerosin in die luft gejagt die maikäfer verschluckt ein
maulwurf abgesoffen lernt ihr menschen schwimmen dsv
Verein hat zugenommen michael gross du wirst der grösste sein denn
franz
Hat fussball gespielt. Scheitern wir wenn die sonnen verglühen ein
angriff planetarisch verspült

Wenn die kommen saufen sie auch ab – androiden - etwas gier
subversiv müll -
Im wasser können die wenigstens
Keine sandkastenstreiterein anfangen - emil
Hat recht - erich unrecht wenn wasser
Wie salz gerbt
Graben der hautfetzen sonnenbrand
Sieh:
Hautschutzfaktor
Kreuzblutschlammblut
56
Bildzeitung ist wasserdicht geworden jetzt liest man sie nur aufm
floss
Jawohl

Wasser wird weiter unsere adern verzeichnen
Blut im meer
Und krebs glauben *SIE* bitte echt dran!

GODOT?

3. Hauptstück: *vom freien Geiste*

Escaping tech terror

In den geiste aufentgestiegen

Fing ich an nach *dir* zu weben
Diesen punkt
Verschwommen hin & her zu tauchen die finger aus den scheiten
zu erkohlen im sinne doch verschwand
Die stimme des seins in einen mantel meiner ohrlamellen
Die wie wild in meinen poren blies
Nach innen schallte
Ein kleines klangbild meiner lieder
An/ aus und immer wieder

Es schien du wandelst wo ich wandele
Es schien wir flossen zu & einfach zu
Hinüber in die grenzenwelt
Bist du's der mich erschafft gequickt im leben stählt & aus den
Rhythmen meines tanzen tangosein erschleift?
So flossen meine klänge in
Rosensinn & mangofarben
In kleine larven die die elfe in mein inneres spie
Um daraus einen schmetterling zu keimen

Wenn du der schwan an meinen lidern seist so saug das blut
Aus meinen ohren das das männlein
In mich schliff um drunten ein kleines wenig
Magensaft zu klauben weils das ist was sie in den
Schmetterling ertauchen
Sieh mich an wie kannst du mich erretten
Einbetten um zu tanzen.. Tanzen um mich hin und meinen kleinen
Freund im ohr zu garben ihn zu darben
Um dein freund in unsrer freundschaft herr zu sein..?

Vom freien geist

Sahn wir uns verwegen an den stegen
Immerfort im tanzesschritt
Um deinen bauch zu schwänzeln deinen geist der träg ward
In den engen zu ergleiten
Mit händen immerfort
Das wagnis deines herzens zu bestreichen
Mit lack dir deine finger aufzurauhn und
Silben auf und nieder in dein aug zu singen zu
Geben dir den letzten sinn
Der zwischen deinen haaren in ein
Rotes tuch behangen flog
Entflog entweit hinfort
Hinzu unendlichkeit
Erfingen
Wir den möwen nachzuschrein in trauer:
Lasst uns einer eurer diener sein
Aus deinem abendrot
Das du wie urgemalt auf deinen augenlidern zich
Und in pupillen einen
Wunsch zum tauchen wehrtest
Von hinten zog stark nebel auf die glatten
Felsen ein windhauch wie
Wenn sie auf allen zehen spitz in diesen
Himmel stach von meinen armen weggezogen an die nacht
Gebettet in einem klang
Den wir aus deinen wangen sogen
Ein kuss aus magmalippen
Eingeherzt aus
Deinem felsen in der
Brust
Der wie dein bauch doch tanzen soll der alte klotz den
Du mit vergangenheit erteiltest wenns
Leid in deinen augen mit dem lacke sich verspielt
In gottes nachtgewand verstaucht
So sind wir
Wie zwei kleine kinder

Die nicht warten sondern
Auf den morgen lieblich scheinen
Voll ewigkeit in unsren armen…

Sonntags dachte ich an gott

Wie er aus den adern meines geists einstürmte
Mit pulsverbrannten wangen
Mein herz in stücke sog
Und sog aus das blut und fror das herz und
Log mein leben sei ein kontinent
In den ich schwimmen wollte
Ich glaubte ihm
Er gab die kraft
In meinen geist
Er gab das herz entzwei
Und brannte hinter ihm ein scheibengang
An den sie unser ende hoben
Und dachte er ich sei aus stahl geschnitzt
Aus mandarinen meine haut
Und in mir drinnen
Ein geist den könnt man klauben
Aussen zärtlich des nachts an meinen stirnen
Den kuss ergeben
Und drinnen den verstand erzähmen.
Ich dachte wann
Gehst du aus meinem herz wann gibst du mein innres frei:
Er sagte wenn du nie mehr bei mir warst
So sei
Dann wirst du aus deim haben mich verschwimmen
Und drinnen tausend blitze glimmen
Du bist mein
Und lügst du nun mich an so zünden tausend quellen in deim geist
dich an
Dass deine mandarinenhaut nach innen gärt
Und deine muskeln schlaff und tausend reizen sich vermilchen
So sei ich bins der in dir sei.

So kam es immer und nun denk ich sonntags nie mehr an gott.

Ich hänge am kreuz

Im tann mit nägeln im handfleisch an
Neun blutigen nageln mein seelenbild gebrannt
Ein speichenrad der zeit auf meinen haupten links und rechts ein
schicksal neutrum
Links die macht vom wahren
Die mich führt
Oben über meinen seelenauen sitzt der herr
Der mich strafend blickt
Und narrt
Der rechts den lügen meines sinns
Mich immer mehr zum zweifeln zwingt
Es gab liebe in den seelenfetzen
Es gab leben in den mauern meines sein
Es gab ein
Dein von meinem unteren geist
Den du mir stiehlst wenn ich wünsche stehle
Die gaben bündele so quallen sich die blutend tropfen
Aus meinem herz in deines grab
Verlieret sich der hammerschlag des nageldreschers
In eine
Scheibenwelt aus denen atemzug um züge
Geist einhauchen ein bild der martern die nie enden
Ein glauben an die Qualen doch zum
Töten
Meiner gaben meines lebens w
enns zuende geht wisst
Ihr ich sei prometheisch mit diesem grunde aus den wolken
ausglöscht geflogen
Und habe hinter euch die nachricht brennend
In den gang geschrien die wir nie fühlten
Rechts und links schien in meim hirn zu brennen
Wenn die poetologie die funken spie
In meinem geist so flog ein aug ein funken
In den ewig strahlen
Ich fand uns und verlor dich wieder
Die zeit schien endlichkeit

33

Metapher grund
Und einigkeit
Mit mir der heilge geist du
Über mir häng ich im wald
Und leuchte neon
Wind kämmt mich
Auf einem fels als du mich mahlen liesst
War wahrheit
Siegel
Wahrheit
Prügel
Als wenn die finger immer dürrer scheinen
Und
Menschen an den zweifeln leiden
Gabst du mir lieben
Eines links das andre luzifern
Den weisen
Klamm vor
Fanatismus hing ich hier
Hing ich im wald
Hing ich zerfressen gefleischt auf einem fels der
Rabe hackt in meine brust
Als ich ein licht aus osten sah
Osten sah ich wasser und weiss
Ich werde kommen
Ich werde folgen
In deines sinns
In unser ohr fallen deine breiten
Deine gaben
Deines meins
Du scheinst die pyramide
Und doch weisst du:
Faszination
Phantasie
Ideal der stimmenbilde
Klang und traumgehilfe

Ein liebes wispern

Eine gabe
Ein LEBEN
Ich war im wald und geh nun fort
Ich komme immer mehr
Und mehr zu dir und
Will doch fort von hier und uns und zeit und jetzt
Und doch gehe ich mit deinem geist
Ich höre ich folge doch sterben werden meine sinne
Werden meine geister mein herz
Ist die unendlichkeit..

Tetralogie

Wie wir
Frei wie vögel in den himmel gleiten
In die nächte schwimmen
Um den tag zu bauen
Den der traum
Uns innerlich erschwor
Der immer mehr
In unsern
Zelluloidgedanken
Hinauf
Zu den sternen sich erdreht
Und himmelskräfte ewiglich
Draussen ins sonnenband verwebt.
Träume die wie tropfen ein stein umfliessen ihn höhlen
Verendet dies
Tropfen heissen edelsinn im stein die spuren der gedanken?
Und wenn der tropf so weiter rinnt geschliffen und kindheit in
Seinem angesicht sich spiegelt
Und formen
Denken
Rhythmen
Die wie krypten in ein intervall
Am stein das spuren hinterlässt
So sind wir engel
Todesengel die uns selbst den pfaden
Hinterherverwischen
Weil das licht das sonnenwarme strahlen in den stein verbrennt durch
Wassertropfen
Diesen sinn versiegelt
Wir sind nur mittel
Mit dem was über und in uns ist
Das ist ein freier geist
Der unfrei ist:

Gott

Hold me

Halt mich fest
Krampf mein geist
-küss mich-
Schrei in mich ein und fang mein licht
Auf dunklen seiten –
Wir können unsern
Atem spürn
Verarbeite und schleife bündele
In naganer schleiferei mein
Diamantensein und fühle meinen puls
Wie er sich aus meinen
Adern bis ins herz erzieht
Und denk an mich wenn ich für dich blut durch meine adernstränge
Quallen lass
Und meinen sinn aus deinem sinn
In unsern willen
Links das herz zum kochen platzen will
Erdenk ich dir ein zauber in den
Kleinen quanten meiner neuronalverbindung
Die sich zieht von oben bis
In dieses
Grosse hirn
Wenn du mich tötest so
Falle ich von deinen armen
In dein herz den engeln folge
Ich mit deinen gaben
Wenn du mich streckst
Erschrickt die ader
Balsam
Wenn wir uns sahn
Der balsam
Der balsam
Wie kam
Es dass wir uns mit blut bespien
Und fingen in den wandlungen
Der nerven

Hoch und tief
Ein singen
An
Und blieben
In den
Kleinen
Assoziationen
Ohne
Wirklich in dein herz zu schwingen
Fuck
Warum
Warum wollen wir uns töten
Töten
Kill me
Kill me
Halt mich noch ein letzten abend
Wenn ich dich umarme
Schreits das herz e
S schreitttttttttttttttttttttttttttttt
Fuck
Ich kann dich lösen
Von dem bösen
Halt mich
Vergiss
Und schrei nach mir wenn
Deine beine
Schwach erzittern
-gänsehaut-
Weil dein sein
Mich nie verlieren will?

4. Hauptstück: *Wir Gelehrten*

Café psychedelica

Unendlich

Schien die welle glut zu spinnen
Blut aus seinem mund zu rinnen
Singen tat ein ein kleines
Wenig weh im mund
Fiel wenig aus den armen die
Der krater seinem innern nahm
Und ihn nach unten spie
Und zog das blut das aus ihm quoll
Der arm gehackt die blume lebevoll
Seinem grab sophie der wächter war
Was an diesen minuten in uns zart
Der mindernd zwang
      Viel war das nicht
War viel
             Und doch warum war
Zeit
      Ein ort in dem
SIE uns die funken keimen
        Keinen funken keinen keim
        Kein reiner satz a
Us sein –SAIS-
WAHR wahrheit
War seins und sie
Wie sinn und puls
Aus seinen zinkenwangen war Blut
Und krater
Aue dem   wir seinem
Grab entfachen
      War klamm
Und kalt
Wahr singend quellen
Ein karfunkelstein
So gülden rein
In hertz und
Kommunikation verpulst
Plus

Plus
Minus
Scheint das bild zu tragen
Der stern der nacht den himmeln fortzujagen
Ein traum gefasst in einen schnitt
Die blume bild ein meteor
Am himmel stern ein grab der schmerz so weit
Als wenn der kommunikation
Gepulst den wangen gleicht
Die nacht
Gepresst mit opium der rabe klang
Grau karfunkel hell der schein
Bleibt nacht der herzen dein..

Philosophie der liebe

Wie wolken die sich stoben toben mit den meeren sich vermischen
Und kristallne seen
Küssen so singt ein herz
Aus seinen poren
Wenn erst ein wille in dich geht
Und millionen schwärme deinen mund bewegt
Und himmlisch deinen
Atem schnürt
Und sich nach unten in die adern ziehen will
Und will sich
Mark an mark ersaugen
Und will sich mit
Dem blut vermischen und
Dich aus vollen leiben
Drücken an
Den herzbaum
In den saum meiner achatnen adern
Wie der graben der zwischen uns und
Unsrer seele schwebt
Wenn sonnenlicht aus wolken tritt
Und melodien summen
Weiss dass unser herz geronnen
So stark es
Pulst und schlägt
Und in den halben sedimenten sich mit unsren dingen hin und her
begräbt:
Die mystik schreiet aufgesungen und hin und wieder schwingt das
Melandrom
Küsse sie..
Bemale sie mit fingerfarben
Doch wo soll
Mein geiste dich verraten
Wenn wir uns aus den augen
In den schatten spielten
Und deine finger sich mit meinen nähmen
So sieh

Wie uns ein diamant
Aus sphären
Immer mehr und mehr
Zum gären zwingt
Wer wird alt
Wenn liebe
Wie am ersten tag
Doch in dich kam
Wer trägt unendlichkeit
Zum himmel
Um den blutend pochend
Dämon zu bezwingen?
Wenn die sonne unsere
Sicherung wär
Und paris ein becken
Das wir aus den silben rissen
Dann sind wir stark und schwach zugleich da
Nn wird ein farn an
Uns erdringen
Eine melodie erklingen

Wenn die welt
Aus seinen schleifpapieren
Sand um korn erbündelt und das marke
In die wälder zur natur ersaugt
Saugt sie uns inmitten fort
Weit
Weil liebe dämonen siegen und bezwingen kann..

Stirbt liebe

Wie lamellen aus bast und schleifen
Wie sand im knirschen der zähne
Weckt kraft
Den stand unserer verbindung biologisch
Rhythmisch psychologisch.
Links setzt die herzkammer ein/ aus..
Aus die motoren rotieren rückwärts
Aus den mauern deines ichs tritt langsam
Sich und sich
Warum kamen wir
An diesen big points spitzen die zu punkten
Weniger weg weit weg
Spitzen die stacheln den erdbaum von früchten
Doch graben die tränen glänzend die schachten zum
Quall.

Was schien wenig lust zu fällen
Wie samt ein saum zu brennen
Still dazwei zu sagen
Unsre liebe fortzujagen
Eine mauer in sich herzend tragen
Unsre adern folgen kleinen schmerzen hin und her
Der nerv basalt und doch so schwer
Folgt liebe blinkend aus und an
Stirbt chaos innerlich und irgendwann:

Sieh herzton herzknall
Herzkaspar lexikalisch
Entscheidungen fallen antiseptisch
Wer liebe stirbt..

Tauwert

Sie ist der taupunkt zwischen schmelz
Und eis im herzen das sich innen meinen wegen zirbeln
Sie
Ist der schalter meiner herzkonsolen
Das an und aus
Meines symbiosenzells
Ein summen im herz
Das nachtlied
Der schalterseelenpunkt der immer
An zum himmel funkt
Wer sieht den gegenstand der zwischen ihr zum höchsten kehrt und
In den wandeln zwischen unsern herzgefällen zehrt der
Trüb die milch im blut zum kochen quillt und still
Den honig diesen kehl zum
Pulsen zwingt
Und
SIEH es ist ein an
Das in *Dich* dringt..

Wir sahn zeit

Romanausschitt

In diesen tische fliessen
Strom aus einem marmorboden in sich gehen
Zuck die kabel zuck der moment die finger seiner kippe sog sich
Selbst in einen schacht hinab aus gram wie schäm ich mich vor ihr
zu rauchen zögerte er bei jedem lungenzug um zug und schliesslich
erdrückte er den kippen im ascher- sorgfältig um ein wenig seinen
atem zu erkühlen nahm er ein gewaltigen schluck seines 5 minuten
durchsogenen von thein durchsaugten tees um wieder den geschmack
der speicheln zu benetzen. Vernetzt er dies gespräch
Bevor das kino auf den uhrzeigern in seinem hinterkopf erschien?
Was tun wir hier: warten bis die gemüter uns verständlich werden
und wir mehr und mehr voneinander in den hirnen
Brennen und brennen
Ein herz ein Herz
Soll sich beruhigen und sich mit magma in dem blut vermischen das
Nikotin nach unten drücken
Und sich versteinern in den zehen
Da soll es bleiben bis wir aus den kinos schleichen ohne einander
unserer gedankenwelt zu weichen-
Wir.. Kennen uns nun ein wenig besser.

Homo australopitecus afarensis/ lucy

Adam sah sein rippenfleisch vorm augenlid wenns lucy sah sah sie
erkenntnis
Mehr und mehr viel er in seiden um den baum zu steigen
Schwach und fliessend den
Granat aus angst zu reissen
Reiss ich dir dein scheitel links rief erde er zur schlange zu
Zur kobra schlängelnd zwischen edens wiesen
Um seine haut aus der sie in pantoffelschritten ausentstieg das
paradies am
Gift
Zu reissen
Tausend stacheln vielen in den schlund:
Kierkegaard „der begriff angst"
Und als
Er sich entschloss das gift zu speisen
Fielen
Wir dem paradies entfernt
Um an den stern das bild zu klagen

Über LIEBE. Oder der weg nach innen
mehr als die tiefgelehrten wissen . Novalis

Wir sahn uns
UNS
Entgegen
Der first am himmel schloss mein licht
Und stahl aus meinen augen so
Aus augen die wie ein meer die
Unendlichkeit verblitzt
Und schönheit aus den lungen
Variiertes
Schicksal

Dialektik

Die ich nicht berücken kann
Sie ging in aus und an
Von anfang an
In meinem herzen auf
Und stieg hinan
Und fiel aus einem
Lorbeerstrauch auf einen kasten cäsar aus ihm entwich ein geist
homer
Die odyssee die ich verfing
Der sieg
Apoll
Der meinen geist verlor so lehrt mich aristoteles und
Ich fing an die träume zu veräthern
Gott und liebe in den
Kehlen aufzuschrein
Glaubt ich ein schlüsselstück
Von shakespeares
Versepen zu sein und dann aus und in das meer zu steigen
Und wasser
Auf und ab zu wandeln
Schlag auf ein boolten das
Wir immer mehr kubistisch flochten

Ein bart erwuchs mir kilometerweise
Am schweizer heissen lobgesang
Am tal aus einem maskenschlack fing ich mit wundern an
Fing ich das zaubern an
Das zaubern.

Ich war ein grab das zu sich selber sprach
Und in ägypten wollt ich nimmer
Sein weil antichristus
In meinen lenden
Zucken flog
Und gram kam cicero und pascal
Als wahn in den kasten hinzu
Und schrieb ich analysen
In den
Garten meiner libido zu kleist

Ich fing die fliegen sterne schallte hin und
Her
Weil du mein geist mein singen schwelte
Mein steigen meiner baronal
Verzagten stimmen
Wollt ich könig sein
Und fing mit dem bein das schreiben
An
Und fing ein chaos a.d.
Innerlich
Um irgendwann
Hierher zu träumen
In den jahren
Der tausend dinge die ich wachte (nachts)
Um meine bilder aus mir zu entfesseln
Ein tv kanal der mir gehört
Ich lag lang längs wach
Sah schwarze schachfelder
Blaugraue kronen
Bis der wind durch meine bühnen flog
Und meinen zahn

Im mund zum keimen klamm
Vor zarathustra
Der auch wohl zu mir gehörte
Wieder und wieder
Stahl zu zünden
Stahl und licht in den lichtern sah mein geist napoleon
Und xenien
Aus den worten
Wenn die liebe meine träume forschte und trennte welten
Die wir zogen aus scheiten
Die die uhr der zeit
In meinem feuer funkt.
Spielte ich doch nostradamus und sah clinton
Der dann tags gewählt und
Gezählt wurde
Ausgezählt stellte ich den cider
Meiner magmabraunen
Fetzen kohlen vor den gräsern hin und her
Dass ein himmel sich zerteilen könnte.
Was blieb war liebe
Unkontrollierbar unaufhaltsam
-gott fand mich mit blut am saum
Am bart
Mit vermehlten augen fand er mich
Mein vater schrie und   fing an zu
      Flüstern
           Wir haben keine zwei
                Netze mit denen wir den fischen unsern
          zeichen
             Geben

Suhrkamp

Als der turmbau dem ich treue schwor sich mehr und
Mehr zum himmel türmte und
Die soge aus den winden flogen erl
Osch mein sinneslicht
In fäusten die ich tapte und die finger über tastaturen
Immer mehr und mehr zum stillen nichts.

Ich komme aus dem tiefen sehnen und dehne mich zum vollen
Lügen um den
Apfel im granat zum spülen.

Ich komme von den toren babel
Um den durst nach gott zu fühlen um den
Kamm aus meinem brusthaar abzuschleifen
Und immer mehr das firmament
Plastisch zu ergreifen
Um singend stand und wort euch zu erbringen
Um land und inseln kryptisch zu erklimmen.

Ich komme vor den toren babel
Als kleiner davidianer
Und singe meine lieder
Für den gram ins lichte tauen aufzustellen
Und den lippen meiner worte bilder
Nur für euch zum schmücken.

Ich komme
Ihr werdet sehen
Und winde werden durch den turmbau zischen
Bis ich mit meine worte leben lische
Es erlischt der geist
Um feuer tausend fetzen spucken:
ICH KOMME..

Ich schreibe.. Ich sterbe!

Ich sterbe zu tode

Wenn gesagtes durch ein ohr zum spitzen
An den stacheln im seelenfleisch sich hebt

Ich werbe um ein geist
Der zwischen dreien meiner seelenfetzen steht

Ich hacke mit ziffern um mich
Und schiebe die kommas zur seite
Ich schreibe die zahlen natürlich ganz

Ganz wie der mohn der den schlaf vertont
Ganz wie der hauch der den tag
Am mond verkohlt
Aus dunklen seiten

Schrieb ich licht
Und schatten
Links und rechts mit
Einem bein die
Zahlen hell und dunkel in mein sein
Wenn die nacht mich
Zwingt zu reigen
Will ich meine dunkle seite zeigen
Es ist ein ohr in einem stachel spitz
Der mohn sich in die seelenporen drückt
Um sich dich zum geben eine zahl nach oben links den tod zu
dehnen
Ich schrieb die zahlen komplement und weise
Und den namen nenn ich leise

Von dunklen seiten komme ich
Existent ist leben auf den schattenseiten nicht

5. Hauptstück: *Musik, der tragödien Geburtes Geist*

Alwella opening the antipandoric box creating enclaves

Alwella chasing the dragon

Luck . Radiohead

Illness
luck

Es könnt n schöner tag sein

Wir auf den melodien der
Balladen der herzen
Könnte das unser glück

Wie im rätsel der silben sein?

Hass war ihr schnitt
Phantasie ein meteorit
Und lust ein volles glück
Dass wir uns
Demokratisch

Hin

Und

Her

Wälzen

Erzähle deine schatten
Sind der nacht behangen
Und
Zähle
Auf
Wie
Wahnsinnig ES ist mich zu lieben
Um
Der anarchie ein wenig holz zu kerben:

Ich
Bin
Ein
Sam!
Uwe

der *liebe* gewidmet

Steh auf steht auf   *stand up . Bob Marley*

Im imperativ
Fand ich mich von legenden in umgeben
Als der steintisch auf dem ich meinen lehrern hulde sich mehr und
mehr zum hi
Mmel zog
Und ich um kokain im denken vom himmelwinter
Bat
„GET HIGH"
Und get up stand up
Als schnee auf meinen locken glänzen wollt
Und ein zelluloid sich wohl zum himmel hob
Blies ich den wind links rechts
O
Ben
Un
Ten
Um
Literarisch
Mich zu spülen
Und bilder tanzen
Aus den büchern aristoteles gefühlen
Sieh:
Was wa.h.r
Ist und war
WAR of life
Durch den ich rannte fugitive
Kategorisch
Und imperialblau
Auf den ich tanzte dem schnee und
Nach ihm rief get high get high
Und die pforten pyramiden öffnen sich
Für mich
Als wie ein licht liess ich es schnein
Und führte so mein herzen gott

Family business   *ode to my family . Cranberries*

Als die himmel sich verzeilten und die
Winde sich verschneiten und mein vater meine mutter
Und mein himmelszelt zusammen
Stiess um meine kindheit bilder türmte
Erfing ich dies und jenes
Analytisch zu begreifen
Dies und das am
Mondenkleid
Zu leiten
Jenes in sich zu transzendieren
Und dabei die subjektive wahrheit an
Den windungen zu schnürn

Mein opa fiel
Und viel ging in mir zusammen
Er leuchtet mein
Kraft und zahnfleisch
In sich helle mein
Vater kraft
Mein mutter gesicht die wangen
Oma christenkind
Und oma auf der treppe
Der architekt (o.j.)
Mein onkel
Der pilot als sohn
Der graf
Und transsilvanien
(siebenbürgen):
Wir zogen aus die türken mit den schwarzen rittern zu besiegen
Und
Dichterisch die kindheiten unser aller selbst zu spülen:

Ich leuchte wenn ihr mich leuchtet

Come on touch me baby   *ghost song . Morrison*

Warum zeichnen sich orangenschalen links und rechts in deiner
netzhaut
Wenn die motoren unserer herzen uns in uns zusammen
Dichten
Wir lieben gaben dinge
Unsern fingeradern
Um den baum nach uns zu ritzen
Und chrom auf
Unsern rädern tragen
Wie
Herzblut den adern
Brechen
/./wir/
Lieben uns /
Uns und still wachen
Wir wie geister in den träumen
Zwischen dir und mir.

Das ist offensichtlich

Holger Kraus gewidmet

Dass alles verschwimmt um dich und mich
Mein freund
Mein herz ist aufgeflammt und
Abgebrannt riecht es im
Herz nach
Schwefel und benzin
Das unser adrenal/.in uns vertauscht
Wenn beider drüsen
Kleine wunder klaubt.
Ich war hier und geh nie wieder her da ich in uns war
Ich bin in
Keinem
Halt und keiner macht
Und glaube an rätsel
In metaphorischer kraft:
Dies ist keines
Wir sind brüder
Und schieben
Die brücken
In unsren verbindungen
Hin und wieder nach innen.

Don´t fear the reaper

Touch baby touch
My mouth with silverlips
And breath youre smile behind
Behind our
Wishes
Understand
My doing
Hide around
Youre impressions about me
And we
Can find
A new way of
Kind
An
Thunder
Between the lies
Around
The metaphors and
Fears
From you
Touch around
Youre love
Behind
My name
Not follow me
Believe thats truth.. My shame.

Dark globe

Wann war der himmel jemals
Schattenschwarz das
Geist dem lichte widerspricht der mensch dem alpha dass
Dem omega den kometen weilt die schlacht
Um fetzen sonne erde licht
Bricht ein schaf das siegelwachs
Und kronen blutiger gewande stehen aus den sternen stumm:
Apokalypse riecht nach
Blut und rosen
Nach weissen arielgewändern
Die im 1. Waschgang blitzblank durch die nächte
Phosphorizieren.

Die nacht kommt
Mit den kometen.
Seht
Wir schreiben plural durch die zeit der zeichen
Auf tod und licht da scheint das
Ende astronautisch
Seht den fremden wie er aus den wolken
Tritt
Und die dunkelheit mit samt
Und rosen blut und knospen
Löscht das licht er tickt die uhr er tickt die uhr mit goldenen zeigern
Und der astronaut wird mit den winden sich verlieren
Die wellen werden wieder brechen und wir nach oben wandeln

Vermächtnis

An einem sommertag blich
Phosphor über kadmium
Atomen
Um den regen den wir kauten in den orden
Zu verführen
Und das odium
In den winkeln unserer münde
Zu verschnüren
Es bleibt
Ein mensch in seinem
Grad
   Gelogen
      Den wir
Aus dem
      Grame
Zogen
Uns schrie er an
Wie wild
Wie stark
Auf dass sie unsern
Willen
Aus den seelen ziehen
Mögen
Und den glauben
Hin zu projizieren
Um den grad der wunden zu berühren
Und unsre namen oben hin zu nennen
Um nur das licht zu fangen
Links und oben licht zu fangen das er blies
Hinaus den rauch um uns den schatten aufzuzwingen
So stosst ihn weg
Aus unsern reihen
     Wird licht in unsrer welle sein

Bio.graph.i(S)ch.es

Färbt
Sich der wald in himmelfarben
Das holz
Kryptisch
Existenziell
Fliesst
Energie
Zum sinnen
        Aus   den
Mündern
In die klingen
Mit dene/ m
Man die schwerter gegen worte tanzen lassen kann!

Ter.r.anomiko

Schlingen sich die adern der wollen
In fäden fraktale
Sägen bäume
An
Blaukristallen
Sägen figuren an seelen
Und hängen
Götter auf lichtfetzen
Die die schwellen
Zum sein
In die bildung verziehn.

Fänger die liebe
Fange
Den christen
Fange die mutter
Und fange den letzten
Maniformen schwamm
Am mekronikum
Am blau zu
Kalt

Schwimmen
Die farben
Ins azur der versöhnung!

Uwe Kraus   - Kaiserslautern-Eselsfürth -   den 29.04.03

66

Daughter of time

Seen the sun horizon in the morning
Calm the breath between the lines and look
For her in brighter waving times.

The sun is smiling
Above the globes
And rose the heat
From
Pictures you have given
Unforgivin what time is in the end of salt and sand
And through the tides
Freedom will never end
Between the fields we shine on
In green harmonys
Into conclusions
For truth
And disillusion
Metal
Wind sand
Land
Water
I´ve seen the daughter of time
Gaving
Absolution
For reflection
And i´ve seen the world between
My ending lines
And the metaphysical past
Is giving through lunatic pages
In the hands of fate
Of god
Above.

I saw the daughter of time
In contacts between
The sides

And seen the world about her eyes

I´ve seen in my reflections
Some reaction
And i saw
Into the other side
Into my watereyes
The wold is cracked in bites of seconds
Like thunder
For an moment my illusion is treat
Into the ghosts of dreaming time-machines
And god gave me an
Flashing sign

I saw the daughter of time!

6. Hauptstück: *Das Buch Esther*

Escaping hell towards an energy whirl created by cuja and sophie

Hier there

Von wo geht das dopamin in die speichen des rades auf meinen
schultern und wo senden die zeichen die nacht in den himmel und wo
fängt das kokain seine flügel
Am fastnachtstag
Wenn clowns und habichte den adler fressen wie die maus
Die mit ihren zungen mein hirn auffrisst
Plural dehnt gott mein lied
Und findet deine liebe zwischen deinen lenden
Auf dem gabentisch aus blut tropft deine ader
Dein geist ist sinner stoff und tag wie sonne dein wort sieht meine
rabenbrust azul.

Goldenes fleisch fragt dich warum die demut meiner auen
seelenfetzen um dein geist mich führte.

Will es geschehen dass ich dich lieben kann will es gefährlich sein
mich in dir zu binden mit dir den kranz der lust zu pfänden und den
tag mit musikalien treffen um dann die welt in mich zu schließen den
gram ans band zu hängen und den namen meiner tone in die quanten
meines licht zu falten
Du bist die liebe die ich drängen will um mich als steppenwolf zu
finden um menschen sternen bunden jaspis meiner seelenapsis o du
wundergabe meiner sinne..

Everything starts in a moment the breath is told to break the waves
beyond the melt around and round to fly ich bin hungrig
Wolfszähne klaffen von meinen traumen du bist die hymne an die
nacht..

Lass mich dein krieger sein ein kampftyrann ich will überleben und
schmeichle meine kraft dass die tafel der wir speisen mich ans
meisterlicht ans licht das durch die matrix bricht--
das ist die wahrheit einer lüge
Verfüge meine blasphemie und finde mich dass eines hertztens ist
der antichrist wird kommen uns verführen dich und mich
die photographie ist unser..

Sonne mond und sterne

Echoes in my ears in my ear in my ear

Travel the past of the secret journeys we`ve lost this night—

In the soulmachine wind breathing healing when we unaccepted and
pulp on the row see the arms around my land and kings of strength
in secrets
Let me sleep inside youre visions inside youre visions
Hail
Hail
don´t try to catch the rats
Inside my head

Grap the telegram
Youre postmangun
Pay attention
To rose my friend this can´t be the end
Ending sleep..

Was schläft sich in der zeit zusammen
Wir machen zeit weeee make time

Da hats der wagniswahngepackt
Da hats der wahn gepacht
Six tricks pigs on the sharade way
        There is a road to concern the protest

Zion da steht david
Und singt
in meine ohren

Voices voices voices
Tea.r.drops drops drops
I love you

Miracles are in the sun buying an universe in graves

Got my pockets in the waving air and feel the well around my tanks
We go the mirage the diamondroads around the time we´ve chosing
an filled magic
An breaking grave
For the unknown kids in hell
To flew the thunder

Hungry my love for you my mars my stars
Master of solution in time of ending confusion

Like spaceorgasms in the winds
I´m talking two
To you and me
The polution of the signs i´m standing with my pride
Cause yourer taking back masters
Of delusion
chrystal ships
And zauberberge
Fang ich durch die logik meiner augen
Deiner augen deiner zeichen deiner weisen

Was liegt zurück kann nie mehr sein in meinem farn
Dass diese dattel in sich bricht
Und meine macht mit dir zusammenbricht
Logik
Worüber ich sprechen will
Kann ich schweigen.-.
Oder die wahrheit zeigen um die wellen meiner raben brechen
Legenden singen
Babylon babylon
Seht wie dieses hohelied in euch dringen will:

Steht auf und heiligt dem könig
Wie die welt sich aus den angeln hebt den samsoin

Sieh

Es ist der kuss des lichtes der kuss der nacht

In meinen bunden sterneseh ich nordens fassen –

Ratten hatten ihre züge eingehaucht und fingen bei den namen an zu
singen
Zu singen sing sing mit mir und falle mit den steinen durch die zeit
falle durch die zeit
Der löwen
Löwenbrust kamm und prometheus
Hackt nach meiner brust hackt nach meiner nacht

Auge um kain um kain siegt david
Davis
Spürt die nacht
die frau der begehrung
Um die hilfe meiner namen in sich zu spüren

Wellen drops drops drops of m:n

Take ist and raise it
Take ist the raising the hail of the burried kings
To watch the lions sleep bay night in daylight

Synchron schwingt der skalp des geldes
An den namen meiner hände
Verschifft es verschifft es
und prüfet bei allen dingen den namen des namens

Es liegt im brauch und in der not dass die vergangenheit der sünden
kohlt
Wir brauchen den träumenden tausch der lieben um deinen gebote zu
füllen und den namen der sünden zu spülen

Tauscht die liebe die ich sehe reicht hände für den weg des weges
Wenn
Zion manna von den himmeln regnen lassen kann
Siom schaut die trübe aus den tassen meiner aggression der ich
verfalle

Get up stand great god will come from the waves take everything by
see the horizon my warchildsun see stars of arabian see wheels keep
turning stars that burnin
We need a revotion by night

I´m a spiritual man in anger and danger

Ab ba

Inhalt

Vitae 3

1. Hauptstück: *Reproduction, Sprüche und Vorgereimtes*

The apparition of alwella ignoring the evil zebra queen 5
F.r.ühling 6
Fragiles in maniac 7
Kasparius Hauser 8
Beim Betrachten eines Rätsels in mondgrau 9
Cut (Bildnis als jüngling mit dorrenden äpfeln auf schale) 10
WEILE IM 11
Lass uns 12
Nine lives 13

2. Hauptstück: *Zur Naturgeschichte der Moral*

Nature triumphs over the architecture of trash 15
Flut 16

3. Hauptstück: *vom freien Geiste*

Escaping tech terror 27
In den geiste aufentgestiegen 28
Vom freien geist 29
Sonntags dachte ich an gott 31
Ich hänge am kreuz 32
Tetralogie 35
Hold me 36

4. Hauptstück: *Wir Gelehrten*

Café psychedelica	*39*
Unendlich	**40**
Philosophie der liebe	**42**
Stirbt liebe	**44**
Tauwert	**45**
Wir sahn zeit	**46**
Homo australopitecus afarensis/ lucy	**47**
Über LIEBE. Oder der weg nach innen	**48**
Suhrkamp	**51**
Ich sterbe zu tode	**52**

5. Hauptstück: *Musik, der tragödien Geburtes Geist*

Alwella opening the antipandoric box creating enclaves	*54*
Alwella chasing the dragon	*55*
Luck . Radiohead	**56**
Steh auf steht auf	**57**
Family business	**58**
Come on touch me baby	**59**
Das ist offensichtlich	**60**
Don´t fear the reaper	**61**
Dark globe	**62**
Vermächtnis	**63**
Bio.graph.i(S)ch.es	**64**
Ter.r.anomiko	**65**
Daughter of time	**66**

6. Hauptstück: *Das Buch Esther*

Escaping hell towards an energy whirl created by cuja and sophie	*69*
Hier there	**70**

Weitere Bücher des Autors:

Der Stern des Lebenssinnes . 2001 . Gedichte, Hymnen . Bod

Fußball ist unser Leben . 2007 . Lyrik . Bod

Liebe/gedichte Lyrik aus neun Jahren . 2008 . Bod

Fernwehpassagen . 2009 . Gedichte . Conte Verlag

Brainspotting . Erzählung . 2010 . Conte Verlag

Gewichte aus der Zwischenwelt . 2012 . Bod

Ewu.lution – Apokalyptische Gedichte . 2013 . Bod

Die Buchstaben, in denen ich schwimme . 2016 . Telegonos

Lunatics 2014 . Bod

Lichtwechsel . Gedichte . 2016 . Telegonos

Auf dem Weg zurück zu mir . 2017 . Telegonos

Sternentraumsegler . 2017 . Bod mit Christina Lautwein